RISVEGLIO DEL TERZO OCCHIO

Guida per principianti al risveglio del Terzo Occhio

Taylor Turner

CONTENTS

INTRODUZIONE

Oggi, se siete arrivati a leggere questo libro, forse state attraversando una fase in cui nulla vi sembra esattamente "giusto". Può trattarsi di un lavoro infruttuoso o di una relazione in crisi, oppure non ha nulla a che fare con gli eventi esterni. Nella nostra vita accadono cose diverse, ma quando non riusciamo a connetterci con il nostro io più profondo, ci sentiamo estranei alle nostre esperienze. Questo può causare molto malcontento e infelicità. Allora, cosa ne dite di intraprendere un viaggio con me? La spiritualità va ben oltre l'idea di un saggio seduto a gambe incrociate a meditare in montagna. Se è una cosa che vi va di fare, fatelo pure. Ma non è tutto. Stabilire una connessione con se stessi non richiede una sofferenza estrema o situazioni di vita terribili. Richiede semplicemente fede e disciplina.

Un richiamo a una maggiore coscienza e consapevolezza mentale viene definito risveglio spirituale. Il risveglio spirituale comporta una trasformazione personale e un cambiamento della visione del mondo e del quadro concettuale.

Il risveglio spirituale è associato a un aumento della consapevolezza e della capacità di produrre e ricevere energia d'amore. Ci connettiamo e alla fine ci uniamo con le porzioni più elevate di noi stessi principalmente attraverso la nostra mente aperta e la nostra coscienza ampliata. È come se la vostra coscienza sbocciasse in una forma più piena e più bella. È come se si scoprisse un nuovo pianeta o si ascoltasse la musica per la prima volta.

L'uomo è spesso rappresentato come una macchina automatica pre-programma-ta con l'operatore assopito. Quando l'operatore si sveglia e prende il controllo del volante, si parla di risveglio. Durante il risveglio spirituale espandiamo la nostra coscienza al di là del nostro apparente regno fisico di attività. Quando ci apriamo e viviamo di più attraverso il cuore, progrediamo nella consapevolezza del cuore. In questo modo, portiamo gradualmente alla coscienza aspetti più elevati di noi stessi, come l'intuizione, l'anima e il Sé superiore (spirito). Mentre l'anima riflette attraverso la nostra personalità, lo spirito ci permette di stabilire un contatto con i regni spirituali, con le cose più grandi e al di là della semplice esistenza fisica. Stiamo diventando sempre più consapevoli di questi aspetti del Sé e stiamo comunicando con loro.

Contemporaneamente, notiamo un progressivo cambiamento a tutti gli altri livelli, compresi quelli fisico, emotivo, cerebrale ed energetico/di luce. Se guardiamo le cose da un punto di vista energetico, aumentiamo la nostra vibrazione energetica man mano che progrediamo spiritualmente. Tutto vibra in qualche misura. La materia, per esempio, vibra a un livello molto basso rispetto al suono e alla luce, mentre i pensieri e i sentimenti amorevoli vibrano a un livello molto alto rispetto ai pensieri e ai sentimenti egoistici. Quando aumentiamo la nostra vibrazione energetica, iniziamo a irradiare luce e ad aumentare la frequenza energetica di tutto ciò che ci circonda, comprese le persone e la materia fisica. Il cuore, la mente e il corpo diventano portatori di cielo.

Il risveglio è, nella sua essenza, la morte del senso illusorio di sé. È un movimento intenzionale di allontanamento da una falsa identità che ci riporta all'essenza di ciò che siamo. Questa falsa identità è ciò a cui ci si riferisce quando si pronuncia la parola "io" prima del Risveglio. Quando le persone dicono "io", di solito si riferiscono a se stesse come a un individuo distinto con una serie di esperienze distinte. Questa persona definisce chi crede di essere, che io chiamo "ego".

Crediamo di essere questo sé prima del Risveglio, che si percepisce come intrinsecamente distinto da tutti e da tutto il resto. La verità è che siamo tutti rappresentazioni indifferenziate e indivise di un'Unica Coscienza. All'interno di quest'Unica Coscienza si verifica una molteplicità infinita di esperienze simultanee, il cui elemento comune è il senso di identità, il senso di "io". Chi è "sveglio" ha perso il proprio senso di "io" (anche se di solito ci sono residui di ego o di "io-ombra" che fluttuano in giro, che saranno affrontati nel tempo).

Quando le persone sentono questa frase per la prima volta, di solito pensano che chi ha perso il senso dell'io debba essere morto, impazzito o trasformato in una persona insipida e superficiale. Non è affatto così. Considerate il seguente scenario: fin da quando eravate piccoli, avete sempre creduto di essere una renna. Di conseguenza, avete vissuto tutta la vita comportandovi come una renna al meglio delle vostre possibilità.

Quando avevi fame, mangiavi l'erba del prato; invece di parlare, sbuffavi e scuotevi la tua criniera immaginaria; e se qualcuno ti faceva arrabbiare, ti sforzavi di caricarlo con le corna che apparentemente spuntavano dai lati della tua testa. A trent'anni sareste un adulto che si è sempre e solo trasformato in una renna. Se vi venisse in mente che, dopo tutto, potreste non essere una renna, l'idea sarebbe terrificante: immaginare come sarebbe non essere una renna dopo tanti anni sarebbe praticamente impossibile. Nonostante i vostri timori, è evidente che è nel vostro interesse lasciare andare la vostra identità di renna e vivere come ciò che siete veramente. Se alla fine vi vedeste come un essere umano, all'inizio potreste non sapere come comportarvi perché non vi siete mai comportati come tali, e tutti i vostri tratti da renna sarebbero profondamente radicati nel vostro comportamento. Potrebbe volerci un po' di tempo prima che vi rendiate conto della vostra umanità e probabilmente continuerete a comportarvi come una renna nel frattempo, ma l'illusione è stata spezzata. Siete ben consapevoli di essere un essere umano e sarà solo questione di tempo prima che iniziate a comportarvi come tale. Può essere un processo difficile, ma per quanto vi sentiate felici come renne, dovete sicuramente passare attraverso questa trasformazione per il vostro benessere mentale ed emotivo. Ovviamente si tratta di un esempio estremo e stravagante, ma che dimostra bene il concetto.

Quindi, andando avanti, vi renderete conto che il risveglio del vostro essere interiore è la chiave per capire chi siete veramente e qual è il vostro scopo nella vita. Forse vi siete illusi di vivere la vostra vita in funzione di determinate caratteristiche. È arrivato il momento di cambiare e di comprendere e accettare il vostro vero sé.

CAPITOLO 1: CHE COS'È IL TERZO OCCHIO?

L'*ajna chakra*, per capirci da un punto di vista spirituale, è il terzo occhio. Il nostro corpo ha sette centri energetici dove si incontrano i punti nervosi. L'*ajna chakra* è un luogo di energia situato tra le sopracciglia. Questo punto è collegato all'intuizione, ovvero alla capacità di percepire le cose al di là dei cinque sensi.

Le ghiandole pituitaria e ipotalamo sono associate all'*ajna chakra*. Quando il nostro cervello percepisce cose diverse, emette onde distinte.

Quando ci sentiamo tranquilli, rilassati o profondamente felici, produciamo onde alfa. Le vibrazioni delle onde alfa sono più calme e agiscono come un sonar. È noto che il cervello dei delfini ha un alto livello di funzione delle onde alfa, che li aiuta nella navigazione in mare. Il loro sonar funziona in modo simile a quello di un sottomarino. Dal punto di vista fisico, la morbidezza delle ghiandole pituitaria e ipotalamica consente la diffusione delle onde alfa.

Le onde più potenti sono le onde gamma, che possono essere percepite in uno stato meditativo profondo noto come *samadhi*.

Quando il nostro corpo è in sintonia con la natura, il nostro cervello produce onde alfa. Quando i comportamenti e i pensieri di una persona sono in sintonia con la natura, l'intera persona si sente come se fosse parte del cosmo. Di conseguenza, quando l'attività delle onde alfa di una persona è elevata, la natura le rivela alcune cose. Questo fenomeno viene comunemente chiamato intuizione. L'esperienza dell'emissione di onde gamma si verifica solo quando abbiamo frequenti emissioni di onde alfa nel nostro corpo sottile, l'espressione interiore del nostro essere. Il *chakra ajna* viene attivato dalle emissioni di onde gamma. Quando il terzo occhio si attiva, avvertiamo un senso di leggerezza nella testa.

L'*ajna chakra* è il sesto dei sette centri energetici dei chakra. La libertà di pensiero e di parola si verifica quando questo chakra è in equilibrio. Ogni chakra è legato a un particolare colore, così come i nostri mesi di nascita sono legati a determinate pietre. L'indaco è la tonalità che meglio rappresenta questo chakra. I toni del blu reale o del blu scuro sono legati alla divinità interiore. Pertanto, l'indaco consente anche l'accesso al Divino. Il colore indaco è associato alla saggezza e alla conoscenza interiore. Porta chiarezza a tutti i cinque sensi del corpo. L'indaco è un colore che favorisce la transizione dell'energia dei chakra inferiori verso vibrazioni spirituali più elevate.

Questo Chakra è saldamente legato alla saggezza suprema e all'illuminazione spirituale. È un condotto verso la consapevolezza superiore e incanala l'energia verso la saggezza universale.

Il chakra del terzo occhio si trova al centro della testa, tra le sopracciglia. Il terzo occhio permette di vedere il futuro, mentre i due occhi fisici osservano il presente. I nostri occhi fisici sono anche le mappe del nostro passato, perché il passato e il presente sono intrinsecamente legati; il primo non può esistere senza la formazione del secondo. Attraverso la visione interiore, questo chakra stabilisce una connessione con il mondo esterno. Concentrarsi sul terzo occhio ci ispira ad elevarci al di sopra delle brame e delle distrazioni del mondo. *Ajna* significa "percezione", ma può anche significare "prendere coscienza" e "controllare".

Quando questo Chakra non è in equilibrio, si è più inclini alla rigidità, all'ira, al giudizio e alla non accettazione di individui e situazioni diverse. Un Chakra del Terzo Occhio bloccato fa anche temere la realizzazione e il raggiungimento dei propri obiettivi, poiché si deve rinunciare alla propria identità e diventare qualcun altro.

Quando il vostro *chakra ajna* è in armonia, potete osservare e comprendere accuratamente voi stessi. Avrete la capacità di prendere le decisioni migliori e di esprimere giudizi accurati su persone e situazioni. Potrete vedere la "verità" che ci circonda semplicemente usando il potere della vostra mente e dell'intuizione.

Tuttavia, una quantità eccessiva di qualcosa di buono può diventare cattiva! Se il vostro *chakra ajna* è iperattivo, potreste vivere in un mondo di fantasia. Si può diventare disconnessi dalla realtà e trovare difficile vivere la propria vita. Potreste credere che la vita sia ingiusta e che il mondo sia responsabile dei vostri problemi. Questo può causare disorientamento, depressione e problemi di concentrazione. Si possono anche avere allucinazioni e interpretare male le situazioni quotidiane. Si può diventare giudicanti ed eccessivamente analitici nei propri pensieri.

Quando il *chakra ajna* è inattivo, vi sarà difficile pensare con la vostra testa e vi affiderete alle autorità per prendere decisioni al posto vostro. Si crea una mentalità rigida e si ripone una quantità eccessiva di fiducia nelle proprie opinioni, rendendosi facilmente confusi. Probabilmente avrete difficoltà a cogliere il lato spirituale delle cose e a vedere il legame tra il vostro io interiore e quello esteriore. Questo porta a una mancanza di empatia nei confronti di chi vi circonda, che offusca la vostra visione e rende difficile immaginare la vita che volete vivere.

Come si fa a sapere che si è nel processo di attivazione del terzo occhio? Si ha una sensazione. State passeggiando nel bosco e avete la possibilità di prendere una delle due strade. L'istinto vi dice che siete sulla strada giusta. O forse il telefono squilla e sapete chi è il chiamante senza guardare. Incontrate una persona e il vostro intuito vi dice che non è degna di fiducia. L'intuizione è uno strumento potente. Tutti questi scenari hanno a che fare con il terzo occhio. Nel corso dei vostri progressi spirituali entrerete senza dubbio in contatto con situazioni simili. Più il terzo occhio si apre, più si diventa intuitivi.

L'apertura del terzo occhio richiede tempo. All'inizio potreste sentire una certa pressione tra gli occhi, dove si trova il terzo occhio. Non preoccupatevi di questo, perché non è permanente.

I vostri sogni diventeranno più vividi e potrete ricordarli meglio mentre il vostro terzo occhio è in fase di attivazione. Potreste anche iniziare ad avere molte esperienze di déjà vu. Probabilmente inizierete a sentirvi più creativi, sentirete il bisogno di uscire nella natura e comincerete a notare che il vostro senso dell'intuizione diventa più acuto di giorno in giorno.

Questi sono solo alcuni dei fenomeni che si possono sperimentare dopo aver attivato il *chakra Ajna*. Nel prossimo capitolo esploreremo la storia del terzo occhio per comprendere meglio il suo ruolo nelle linee di pensiero religiose, spirituali e filosofiche.

CAPITOLO 2: STORIA DEL TERZO OCCHIO

Henri Ellenberger (1970) ha esplorato i primi contributi occidentali al campo della psichiatria nella sua opera mastodontica, *La scoperta dell'inconscio*. Il titolo sottolinea che, nonostante l'inconscio sia sempre presente, siamo per lo più ignari delle sue funzioni e della sua presenza.

Gli psicoanalisti Sigmund Freud e Carl Jung si sono distinti nel XX secolo. I loro scritti sono frequentemente discussi e ad essi sono dedicati molti siti web. Le nozioni di Io, Es e Super-Io sono state introdotte da Sigmund Freud, il fondatore della psicoanalisi. Egli sviluppò questi concetti insieme alla dicotomia conscio-inconscio. Il metodo di Jung è molto più complesso, con l'introduzione di nozioni come l'inconscio collettivo e gli archetipi.

Nella sua opera di inizio Ottocento, *Il mondo come volontà e rappresentazione* (1819), Arthur Schopenhauer associava la volontà umana all'inconscio. In sostanza, Schopenhauer sosteneva che l'irrazionalità dell'uomo è per lo più attribuibile alle energie oscure e profondamente nascoste dell'inconscio. Si tratta di impatti di cui la persona media non è nemmeno consapevole. Carl Gustav Carus (1846) propose la prima nozione di inconscio nella sua opera *Psiche*. Dessoir (1890) ha sostenuto la tesi dell'ego gemello nelle sue riflessioni sulla psiche umana. Secondo la sua definizione, esiste una coscienza superiore e una sottocoscienza (presumibilmente inconscia). Ancora più intrigante è l'indagine di Theodore Flournoy (1899), che ha esaminato le origini inconsce di comunicazioni che in precedenza si supponeva provenissero dal regno spirituale. Theodor Lipps (1896) propose che le immagini del passato sono attive in se stessi senza che si sia consapevoli della loro presenza e attività. È lui che ha coniato l'analogia tra l'inconscio come montagne sommerse e la consapevolezza come le loro cime esposte. Utilizzando questo parallelo, ha sostenuto che l'inconscio è una questione psicologica.

René Descarte sottolineò l'importanza della ghiandola pineale nelle sue lettere, nella sua prima opera, il *Trattato dell'uomo* (1633), e nel suo ultimo libro, *Le passioni dell'anima* (1649). La ghiandola pineale, secondo lui, è la sede stessa dell'anima umana, grazie alla sua posizione centrale nel cervello.

La ghiandola pineale si trova al centro del cervello, tra i due emisferi. La ghiandola pineale è composta principalmente da pinealociti, che generano melatonina, e da cellule gliali, un tipo di cellula cerebrale che sostiene i neuroni.

Ne *Le passioni dell'anima*, Cartesio divide l'uomo in un corpo e in un'anima, sottolineando che l'anima è collegata all'intero corpo attraverso una piccola ghiandola situata in mezzo alla sostanza del cervello. Cartesio apprezzava la ghiandola perché riteneva che fosse l'unica parte del cervello ad essersi evoluta come una singola unità piuttosto che come metà di una coppia.

La ghiandola pineale, infatti, è stata una componente della civiltà umana fin dall'antichità. Gli ampi scritti di Galeno (130 d.C. circa - 210 d.C. circa), medico e filosofo greco che trascorse la maggior parte del suo tempo a Roma e il cui sistema influenzò il pensiero medico fino al XVII secolo, includono la prima caratterizzazione della ghiandola pineale e le idee relative alle sue attività.

Galeno descrisse la ghiandola pineale nell'ottavo volume del suo trattato anatomico sull'efficacia delle parti del corpo. Egli ha detto che il suo nome deriva dalle noci che si trovano nelle pigne. La chiamò ghiandola per il suo aspetto e affermò che svolge lo stesso ruolo di tutte le altre ghiandole del corpo: aiutare i vasi sanguigni.

Per comprendere il resto dell'esposizione di Galeno è necessario tenere a mente i due punti seguenti. Per cominciare, la sua nomenclatura era diversa dalla nostra. Egli considerava i ventricoli laterali del cervello come un unico ventricolo accoppiato, che chiamava ventricolo anteriore. Di conseguenza, chiamò il terzo ventricolo "ventricolo intermedio" e il quarto ventricolo "ventricolo posteriore". In secondo luogo, riteneva che questi ventricoli fossero riempiti di "pneuma psicologico", un fluido delicato, volatile, arioso o vaporoso che definiva "il primo strumento dell'anima".

Galeno si impegnò a fondo per confutare un punto di vista che sembrava essere popolare all'epoca, ma di cui non nominò gli autori o i campioni. Secondo loro, la ghiandola pineale regola il flusso del pneuma psichico nel canale tra il ventricolo medio e quello posteriore del cervello, proprio come il piloro regola il passaggio del cibo dall'esofago allo stomaco. Galeno criticò questa ipotesi perché la ghiandola pineale è collegata all'esterno del cervello e non può muoversi da sola. Egli affermò che l'"appendice vermiforme" [epifisi o apofisi] del cervelletto (oggi nota come vermis superior cerebelli) è molto più capace di svolgere questo ruolo.

Le opinioni di Galeno sono state spesso ampliate o modificate, nonostante egli sia stato l'autorità medica indiscussa fino al XVII secolo. L'inclusione di una teoria della localizzazione ventricolare delle capacità psicologiche nella spiegazione del cervello di Galeno è un primo esempio di questo fenomeno. Posidonio di Bisanzio (fine del IV secolo d.C.) fornì la prima ipotesi di questo tipo, sostenendo che l'immaginazione è attribuibile alla parte anteriore del cervello, la ragione al ventricolo medio e la memoria alla parte posteriore del cervello. Nemesio di Emesa, qualche decennio dopo, fu più esplicito, sostenendo che il ventricolo anteriore è l'organo dell'immaginazione, il ventricolo medio è l'organo della ragione e il ventricolo posteriore è l'organo della memoria. Fino alla metà del XVI secolo, quest'ultima nozione era praticamente universalmente accettata, ma esistevano molte varianti.

Secondo Cartesio, il corpo non è altro che una statua o una macchina creata da Dio. Il funzionamento di questi corpi può essere spiegato completamente in termini meccanici. Cartesio cercò di dimostrare che un tale resoconto strutturale può spiegare molto più di quanto ci si potrebbe aspettare, perché può spiegare l'assorbimento del cibo, il funzionamento del cuore e delle arterie, il nutrimento e la crescita degli arti, la respirazione, la veglia e il sonno e la ricezione di luce, suoni, odori, sapori, calore e altre qualità simili da parte degli organi di senso esterni. Quindi, egli non considerava il nostro corpo nient'altro che un veicolo per diverse attività.

Cartesio sottolineò che l'anima è unita all'intero corpo poco prima di menzionare per la prima volta la ghiandola pineale: "Dobbiamo riconoscere che l'anima è veramente unita a tutto il corpo e che non si può dire che esista in una parte del corpo escludendo le altre", disse. Poiché gli organi sono così strettamente interconnessi l'uno all'altro che la rimozione di uno qualsiasi di essi rende l'intero corpo difettoso, il corpo è un'unità per certi versi indivisibile. E l'anima ha un carattere tale da non avere alcun rapporto con l'estensione, le dimensioni o altri attributi della materia che compone il corpo: è solo legata all'intero insieme degli organi. Questo è evidente nella nostra incapacità di comprendere una metà o un terzo di un'anima, o lo spazio che un'anima occupa. L'anima non si riduce quando una parte del corpo viene rimossa, ma diventa pienamente distinta dal corpo quando gli organi del corpo vengono smantellati. Nonostante l'anima sia collegata a tutto il corpo, c'è una parte del corpo in cui svolge le sue attività in modo più specifico rispetto al resto. Il cuore o l'intero cervello non sono le parti del corpo in cui l'anima svolge direttamente i suoi compiti. Si tratta della regione più interna del cervello, una minuscola ghiandola sospesa sopra il percorso attraverso il quale gli spiriti delle cavità anteriori del cervello si collegano con quelli delle cavità posteriori. I più piccoli movimenti di questa ghiandola possono avere un impatto significativo sul percorso di questi spiriti e qualsiasi cambiamento nel percorso degli spiriti, per quanto minimo, può avere un impatto significativo sui movimenti della ghiandola.

Ha poi aggiunto che, secondo lui, le nostre opinioni sulla gravità si formano a partire dalla nostra comprensione dell'anima. Il racconto di Cartesio includeva la ghiandola pineale, coinvolta nella sensazione, nell'immaginazione, nella memoria e nella causalità dei movimenti corporei.

Fino alla seconda parte del XIX secolo, sono stati compiuti pochi progressi nella ricerca scientifica sulla ghiandola pineale. A questo punto, diversi ricercatori proposero che la ghiandola pineale fosse un relitto filogenetico, un residuo di un terzo occhio dorsale. Questa tesi, in una versione modificata, è ancora oggi ampiamente accettata. Gli scienziati sono anche giunti alla conclusione che la ghiandola pineale sia un organo endocrino. Nel XX secolo questa ipotesi è stata dimostrata senza ombra di dubbio. La melatonina, un ormone rilasciato dalla ghiandola pineale, è stata scoperta nel 1958. La melatonina viene secreta secondo uno schema diurno, il che è intrigante se si considera che la ghiandola pineale è ritenuta una vestigia del terzo occhio. Negli anni '90, la melatonina è stata elogiata come "farmaco miracoloso" ed è diventata uno degli integratori più popolari. I filosofi della scienza hanno riflettuto molto sulla storia della ricerca sulla ghiandola pineale nel XX secolo, anche se questa esplorazione è stata di breve durata

La ghiandola pineale mantenne il suo status elevato nel dominio della pseudo-scienza, mentre la filosofia la declassava a semplice porzione del cervello e la scienza la analizzava come una ghiandola endocrina tra le tante. Madame Blavatsky, la creatrice della teosofia, collegò il "terzo occhio" scoperto dagli anatomisti comparati del suo tempo all'"occhio di Shiva" dei "mistici indù", concludendo che il corpo pineale dell'uomo moderno è un residuo atrofizzato di questo "organo della visione spirituale". Questa nozione è ancora oggi ampiamente accettata nei circoli spirituali.

La reputazione del terzo occhio va ben oltre le sue caratteristiche materiali e i suoi significati spirituali diventano trascendenti. Telepatia, divinazione, sogni lucidi e proiezioni astrali sono possibili con un terzo occhio sviluppato.

Poiché il terzo occhio è il fondamento di tutte le capacità psichiche, nessun insegnamento spirituale è completo senza dottrine su di esso. Non sono concepibili connessioni spirituali senza una forte padronanza di questo chakra, senza il quale siamo condannati a una prosaica esistenza di terza dimensione. Alcuni esercizi pineali furono ideati nell'antico Egitto, quando lo sviluppo psichico era al suo apice.

So che è stato un po' pesante, ma il contesto vi aiuta a capire che non siete soli nella vostra ricerca della divinità. Altri sono venuti prima di voi, hanno studiato e discusso e hanno gettato le basi affinché possiate fare i vostri passi verso l'attuazione del vostro vero essere. Passiamo ora ad esaminare gli altri chakra del nostro corpo e cosa possiamo fare per mantenerli in equilibrio.

CAPITOLO 3: GLI ALTRI CHAKRA

Se siete agli inizi, imparare ad aprire il terzo occhio non è qualcosa che si può fare in un pomeriggio: richiede molto tempo e impegno, compresa la creazione di una solida base. È fondamentale creare le basi energetiche dei primi cinque chakra, a partire dalla radice, prima di aprire il terzo occhio. Cercare di risvegliare il terzo occhio prima di lavorare con i cinque chakra inferiori è come imparare a saltare prima di essere in grado di stare in piedi. In effetti, l'attivazione prematura del terzo occhio può causare una crisi spirituale, che viene comunemente interpretata erroneamente come psicosi.

In altre parole, se l'apertura del terzo occhio è il vostro obiettivo finale, è ora di iniziare a pulire e bilanciare gli altri chakra. Dopo aver fatto questo, potete iniziare a lavorare sull'apertura del sesto chakra. Ma tenete presente che ci vuole tempo, quindi siate pazienti con voi stessi.

Quali sono gli altri *chakra* su cui è necessario concentrarsi?

Il Chakra della radice

La base della colonna vertebrale, il pavimento pelvico e le prime tre vertebre sono tutti collegati al *chakra della radice*. Considerate il vostro *chakra della radice* (noto anche come *Muladhara* in sanscrito) come le fondamenta della vostra casa (in questo caso, la casa è il vostro corpo). Quando è in equilibrio è solido, stabile e solidale. Di conseguenza, è responsabile del senso di sicurezza e di sopravvivenza. È anche collegato a tutto ciò che si usa per radicarsi, come le necessità essenziali come cibo, acqua, riparo e sicurezza, nonché i bisogni emotivi più profondi come sentirsi al sicuro. Come forse saprete, quando queste esigenze sono soddisfatte, è meno probabile che siate ansiosi o preoccupati.

Secondo i credenti, i blocchi possono causare una serie di malattie, tra cui problemi di ansia, stress e incubi. Dal punto di vista fisico, il primo *chakra* è collegato a disturbi del colon, della vescica e dell'eliminazione, oltre che a disturbi della schiena, delle gambe e dei piedi.

Il *chakra della radice*, come qualsiasi altro *chakra*, può essere sottoattivo o iperattivo. Se è poco attivo, potrebbe essere chiuso o bloccato in qualche modo, oppure potrebbe non girare in modo efficace. Di conseguenza, possiamo sentirci preoccupati, inquieti e insicuri o, in altre parole, non radicati. Quando le energie sono iperattive, è come se facessero gli straordinari e diventassero malsanamente legate al mondo fisico e materiale. Un chakra della radice iperattivo si manifesta con un'eccessiva indulgenza nei confronti di piaceri corporei come il cibo o il sesso, con un eccessivo legame con il denaro e con l'ossessione di sentirsi al sicuro.

Esercizio per riequilibrare il chakra della radice: la posizione della montagna (*Tadasana*)

La Mountain Pose, la pietra miliare di tutte le posizioni in piedi, è un'eccellente posizione di riposo o un aiuto per migliorare la postura.

Passo 1: stare in piedi con gli alluci che si toccano e i talloni marginalmente distanziati (in modo che le seconde dita dei piedi siano parallele). Sollevate e allungate le dita dei piedi e le palle dei piedi prima di appoggiarli delicatamente sul pavimento. Dondolate da un lato all'altro e avanti e indietro. Fermare gradualmente l'oscillazione bilanciando il peso in modo uniforme su entrambi i piedi.

Passo 2: stringete i muscoli delle cosce ed elevate le ginocchia senza stringere il basso ventre. Sollevate le caviglie per rafforzare gli archi interni, quindi visualizzate una linea di energia che va dall'interno delle cosce all'inguine, poi attraverso il busto, il collo, la testa e la corona del capo. Quindi, ruotando leggermente verso l'interno la parte superiore delle cosce, sollevate il pube verso l'ombelico e allungate il coccige verso il pavimento.

Passo 3: spingete le scapole nella schiena, poi allargatele e rilasciatele lungo la colonna vertebrale. Sollevate la parte superiore dello sterno verso il soffitto, senza forzare le costole anteriori inferiori in avanti. Aumentate la larghezza delle clavicole. Posizionare le braccia lungo il busto.

Passo 4: con la parte inferiore del mento parallela al pavimento, la gola morbida e la lingua larga e piatta sul pavimento della bocca, bilanciate la parte superiore della testa direttamente sopra il centro del bacino. Rilassate lo sguardo.

Passo 5: Tadasana è il punto di partenza più comune per tutte le posizioni in piedi. Tuttavia, è utile praticare Tadasana come posizione a sé stante. Mantenere la posizione per 30 secondi - 1 minuto, respirando normalmente.

Il chakra sacrale

Questo *chakra* si trova sopra l'osso pubico e appena sotto l'ombelico. *Svadhisthana*, o secondo *chakra*, è il centro dell'energia creativa e sessuale del corpo e racchiude le emozioni, le passioni e i piaceri, ciò che ci sazia emotivamente e ci dà piacere. Probabilmente vi sentirete benissimo quando il vostro *chakra sacrale* è allineato. Ciò significa che vi sentite estroversi, entusiasti e di successo e che emanate sensazioni di benessere, ricchezza, piacere e gioia.

Il *chakra sacrale* può essere disallineato se vi sentite poco ispirati artisticamente o se avete un'instabilità emotiva. Allo stesso modo, questo può essere collegato a disfunzioni sessuali fisiche, così come alla paura del cambiamento, alla disperazione o a comportamenti simili alla dipendenza. Se il vostro *chakra sacrale* è poco attivo, potreste avere una scarsa libido, una mancanza di gioia di vivere o problemi ormonali e di fertilità. Quando è iperattivo, è più probabile che si sviluppino dipendenze, sessuali o di altro tipo, e che si abbiano molti alti e bassi emotivi.

Esercizio per riequilibrare il chakra sacrale: Dea Pose

La postura della dea ci incoraggia a connetterci con il nostro divino femminile interiore, armonizzando la nostra forza e determinazione con una profonda saggezza interiore.

Precauzioni: Se avete lesioni alle anche, alle gambe, alle caviglie o ai piedi, questa posizione potrebbe non essere adatta a voi.

Fase 1: fare un grande passo aperto con il piede destro verso la parte posteriore del tappetino, partendo da Tadasana (una posizione comoda in piedi con i piedi alla larghezza delle anche e paralleli alla parte superiore del tappetino). Formare un angolo di 45 gradi con le dita dei piedi. I praticanti più esperti possono iniziare ad allineare i talloni con le dita dei piedi (e con il bordo lungo del tappetino).

Passo 2: piegare le ginocchia in modo che cadano direttamente sulle caviglie, spostando le ginocchia verso il secondo e terzo dito del piede. Tenendo premuto il core, abbassate l'osso sacro e affondate i fianchi. Avvicinate l'ombelico alla colonna vertebrale sollevando il pavimento pelvico.

Passo 3: Allargate le dita e stendete le braccia in avanti, facendo ruotare i mignoli verso l'interno. Le scapole potrebbero scivolare lungo la schiena quando le mani sono rivolte l'una verso l'altra.

Passo 4: allungate la colonna vertebrale sollevando il centro del cuore e portando le costole fluttuanti verso l'interno.

Passo 5: respirate profondamente per cinque minuti, con un'espirazione legger-mente più lunga dell'inspirazione.

Per variare, mettete le mani sulle cosce e fate una torsione. Inspirate profon-damente nello stomaco. Espirate e portate la spalla destra al centro del corpo, con gli occhi che passano sulla spalla sinistra. Inspirate nell'ombelico ed espirate attraverso il centro. Poi espirate e guardate oltre la spalla destra, lasciando cadere la spalla sinistra al centro.

Il chakra del plesso solare

Si dice che questo *chakra* controlli tutto ciò che riguarda il metabolismo, la digestione e lo stomaco, dall'ombelico fino a circa la cassa toracica. Il terzo *chakra*, il cui nome sanscrito è *Manipura*, che significa "gemma lucente", è considerato la fonte del potere personale. La forza di volontà individuale, il potere personale e la devozione sono controllati da questo chakra.

Se viene ostacolata, si può avere una bassa autostima, difficoltà a prendere deci-sioni e problemi di rabbia o di controllo. Non si tratta solo di sentirsi male con se stessi; può anche portare a manifestazioni esteriori di apatia, procrastinazione o alla sensazione di essere facilmente sfruttati. Si può anche avvertire una sorta di mal di pancia, come problemi digestivi o gas.

Se il chakra del plesso solare è ostruito, lottiamo contro i dubbi su noi stessi e sull'essere il nostro io più alto e vero. D'altra parte, gli indicatori di un plesso solare iperattivo includono un ego dilagante, che si manifesta con una condotta avida di potere ed egoista, oltre che con un comportamento maniacale e un'energia iperattiva.

Esercizio per riequilibrare il chakra del plesso solare: Boat Pose (*Navasana*)

La posa della barca richiede di coordinare l'attività degli arti e del busto e di rafforzare la colonna vertebrale. Vi farà conoscere la vostra respirazione, la capacità di attenzione, le emozioni e forse anche la vostra personalità. Anche una posizione semplice come Navasana può entrare nel vostro Sé - il vostro nucleo più profondo - al di là dei muscoli, dei nervi, delle articolazioni e degli organi. Lo stomaco si muove verso la colonna vertebrale, la colonna vertebrale si muove in avanti per sostenere la parte anteriore del tronco, le scapole scendono e si avvicinano al petto mentre il torace si espande e le braccia e le gambe rimangono ferme. La Full Boat Pose vi farà sentire forti ed elastici, oltre che psicologicamente ed emotivamente stabili, grazie all'integrazione di tutte le parti del corpo.

Passo 1: iniziare piegando le ginocchia e appoggiando i piedi sul pavimento in posizione seduta. Sollevate i piedi da terra. All'inizio, tenete le ginocchia piegate. Assicurarsi che gli stinchi siano paralleli al suolo. Questa è la posizione della mezza barca. Sebbene il busto ricada naturalmente all'indietro, non lasciate che la colonna vertebrale si arrotondi.

Passo 2: se potete farlo senza compromettere l'integrità della parte superiore del corpo, raddrizzate le gambe fino a formare un angolo di 45 gradi. Mantenete una forma a V con le gambe, mantenendo il busto il più eretto possibile.

Passo 3: con i palmi delle mani rivolti verso l'alto, portate le spalle indietro e raddrizzate le braccia quasi parallele al pavimento. Per mantenere l'equilibrio, concentratevi sull'elevazione del petto.

Passo 4: fate almeno cinque respiri profondi.

Passo 5: espirate e rilasciate le gambe. Poi fate un respiro profondo e mettetevi seduti.

Il chakra del cuore

Il cuore, la ghiandola del timo (che svolge un ruolo fondamentale nei sistemi endocrino e linfatico), i polmoni e i seni sono tutti racchiusi nel chakra del cuore, che si trova al centro del petto. Il quarto chakra (o Anahata) indica l'incontro tra il mondo fisico e quello spirituale come il chakra del centro. E, come suggerisce il nome, ha a che fare con l'amore. È un chakra spirituale che governa il perdono, il servizio e la consapevolezza spirituale. Si dice che l'amore e la compassione fluiscano facilmente quando il chakra del cuore è connesso ed equilibrato, sia in termini di invio che di ricezione.

Il dolore, la rabbia, l'invidia, la paura di essere rifiutati e l'animosità verso se stessi e gli altri possono derivare da un chakra del cuore chiuso. Quando questo chakra è poco attivo, possiamo diventare emotivamente chiusi e trovare difficile perdonare e lasciare andare le ferite del passato. Di conseguenza, può diventare difficile offrire e ricevere amore, con un impatto negativo sulle nostre relazioni.

Se questo chakra è iperattivo, possiamo diventare eccessivamente affettuosi. All'apparenza può non sembrare un problema, ma spesso è una copertura per la codipendenza.

Esercizio per riequilibrare il chakra del cuore: il Cane che sale

Urdhva Mukha Svanasana (Cane rivolto verso l'alto) è un backbend energizzante che rafforza le braccia e le gambe e apre il petto e le spalle. È il fondamento dei Saluti al Sole e viene usato spesso nelle sessioni di flusso tra le altre posizioni. Quando si pratica l'Up Dog, è fondamentale collegare il respiro al movimento, poiché il respiro anima e illumina la postura e apre il cuore.

Passo 1: iniziate a sdraiarvi a faccia in giù sul pavimento con le gambe distese a pochi centimetri di distanza dietro di voi. La parte superiore dei piedi deve poggiare sul tappetino; non affondare le dita dei piedi nel tappetino, per evitare che la colonna vertebrale si schiacci.

Passo 2: posizionare le mani sul pavimento accanto alle costole inferiori, di fianco al corpo. Stringete i gomiti alla cassa toracica e puntate la punta delle dita verso la parte superiore del tappetino.

Passo 3: inspirate e premete con forza le mani sul terreno. Raddrizzate le braccia e sollevate il busto e le gambe dal pavimento di qualche centimetro. *Chaturanga* è un altro modo per raggiungere la posizione (plank basso). Da *Chaturanga*, portare il corpo in avanti stringendo i palmi delle mani e rotolando sulle dita dei piedi. Raddrizzate le braccia e allineate le spalle direttamente sui polsi.

Passo 4: premere con forza sulla parte superiore dei piedi. Mantenete le cosce sollevate dal pavimento impegnando con forza i muscoli delle gambe. Mantenete un rapporto parallelo tra i gomiti e il corpo. Sollevate il petto verso il cielo e allontanate le spalle dalle orecchie.

Passo 5: portate le spalle all'indietro e il cuore in avanti, ma non fate scricchiolare il collo. Se il collo è flessibile, inclinate la testa verso il cielo. Altrimenti, mantenete una posizione neutra della testa e uno sguardo diretto. Le cosce devono essere forti e inclinate verso l'interno. Anche le braccia devono essere solide e leggermente ruotate in avanti, con le pieghe di ciascun gomito rivolte in avanti.

Passo 6: raddrizzare le braccia solo fino a dove il corpo lo permette. Con il progredire della pratica, approfondite l'allungamento evitando di sforzarvi per raggiungere un backbend più profondo.

Passo 7: attivare le scapole premendole sulla parte superiore della schiena. Mantenete una presa stretta sui fianchi usando i gomiti. Sollevate il cuore e allargate le clavicole. Fate scivolare le spalle indietro e lontano dalle orecchie. La lunghezza del piegamento all'indietro deve essere distribuita uniformemente lungo tutta la colonna vertebrale.

Passo 8: mantenere la posizione per un massimo di 30 secondi. Espirate e abbassate il busto e la fronte sul tappetino per rilasciare la posizione.

Il chakra della gola

La tiroide, le paratiroidi, la mascella, il collo, la bocca, la lingua e la laringe sono tutti collegati anatomicamente al *chakra della gola*. Il vostro quinto *chakra*, che si occupa di dire la vostra verità interiore - o, più precisamente, di garantire che la vostra verità interiore sia comunicata in modo appropriato - è probabilmente ben equilibrato se non avete problemi a esprimervi. Il chakra della gola, noto anche come *Vishuddha* in sanscrito, è responsabile di tutta la comunicazione. È il primo dei tre chakra completamente spirituali (a differenza di quelli inferiori, che si manifestano in modo più fisico). Quando questo chakra è equilibrato, è possibile ascoltare, parlare ed esprimersi con chiarezza.

Quando il *chakra della gola* è poco attivo, può essere difficile esprimersi correttamente. Potreste ingoiare fisicamente le parole e, con esse, i vostri veri sentimenti. Oltre alla difficoltà di dire la propria verità, si può avere difficoltà a prestare attenzione e a rimanere concentrati, oppure si può avere paura di essere giudicati dagli altri, il che può rendere ancora più difficile essere se stessi. Mal di gola, difficoltà alla tiroide, disturbi al collo e alle spalle o mal di testa da tensione sono tutti sintomi di un blocco.

Parlare troppo, essere estremamente dominanti nelle conversazioni, essere eccessivamente critici o giudicanti nei confronti degli altri sono tutti segni di un chakra della gola sovraccarico.

Esercizio per riequilibrare il chakra della gola: posa del pesce

La posizione yoga del pesce (*Matsyasana*), che si piega sulla schiena, espande il torace, il collo e l'addome. Viene spesso usata come contrapposizione alla posizione delle spalle (*Sarvangasana*), poiché allevia la pressione sul collo e sulla colonna vertebrale, ma è anche un allungamento profondo con numerosi vantaggi.

Passo 1: iniziare sdraiandosi sulla schiena con le gambe distese e le braccia appoggiate accanto al corpo, con i palmi rivolti verso il basso.

Passo 2: per produrre un arco nella parte superiore della schiena, premere gli avambracci e i gomiti sul terreno e sollevare il petto. Sollevate la parte superiore del petto e le scapole dal pavimento. Inclinate la testa all'indietro e toccate il pavimento con la corona della testa.

Passo 3: continuare ad esercitare pressione con le mani e gli avambracci. La pressione sulla testa deve essere quasi nulla. Con i talloni, spingete verso l'esterno.

Passo 4: fare cinque respiri profondi e trattenerli. Per uscire dalla postura, sollevate la testa dal pavimento premendo con forza sugli avambracci. Poi, mentre lasciate cadere il busto e la testa a terra, espirate. Portate le ginocchia al petto per alcuni respiri nella posizione Ginocchia al petto (*Apanasana*), poi distendete le gambe e riposate.

Il Chakra della Corona

Infine, prima di passare al *chakra del terzo occhio*, abbiamo il *chakra della corona*. Il *chakra della corona*, noto anche come *Sahasrara* o *chakra* dei "mille petali di loto" in sanscrito, è il centro dell'illuminazione e del collegamento spirituale con il nostro sé più grande, con il sé più grande degli altri e, infine, con il divino. Quando questo chakra è in equilibrio, i risvegli spirituali sono considerati sulla falsariga della coscienza pura, indivisa e onnicomprensiva. In sostanza, siete più grandi del vostro essere fisico e siete anche parte di un mondo più grande. Se il *chakra della corona* è poco attivo, possiamo sentirci indifferenti, quasi intorpiditi energeticamente e disconnessi, con conseguente mancanza di direzione e di scopo nella vita.

Il *chakra della corona*, a differenza degli altri *chakra*, si apre completamente solo attraverso esercizi yogici o di meditazione specializzati, o in momenti specifici: non è un'abilità che si può richiamare in qualsiasi momento. Potreste essere in grado di acquisirne un assaggio impegnandovi in attività quotidiane come la meditazione, la preghiera e i periodi di quiete. Un *chakra della corona* poco attivo può portare a confusione, desiderio di dormire troppo e apatia generale nei confronti della vita.

Il desiderio di possedere beni materiali che sembra non essere mai saziato è un sintomo comune di un *chakra della corona* iperattivo. L'avidità, la superficialità e l'arroganza portano spesso a una perdita di connessione con gli altri e con il cosmo.

Esercizio per riequilibrare il chakra della corona: posizione della testa

Il re di tutte le *asana*, *Sirsasana* o Headstand Pose, è una posizione che richiede l'equilibrio della testa/corona. Si tratta di una posizione yoga difficile che dovrebbe essere eseguita solo con l'aiuto di un istruttore di yoga. Per i suoi numerosi benefici per la salute, questa posizione è molto popolare. Migliora la circolazione sanguigna e garantisce che una quantità sufficiente di sangue ben ossigenato raggiunga il cervello.

Passo 1: per iniziare inginocchiatevi a terra. Se volete stare più comodi, usate un tappetino da yoga. Unite le ginocchia e le caviglie e puntate i piedi nella stessa direzione delle gambe. Con gli alluci che si toccano, le punte dei piedi devono essere rivolte verso l'alto.

Passo 2: sedetevi sulle gambe ed espirate. Le cosce poggiano sui polpacci e i glutei sui talloni. Appoggiate le mani sulle cosce e muovete il bacino avanti e indietro fino a provare una sensazione di soddisfazione. Ora siete in *vajrasana*.

Passo 3: piegarsi in avanti con le dita intrecciate e gli avambracci piegati a terra. La testa, le mani e i piedi devono creare un triangolo sul pavimento.

Passo 4: posizionare la corona della testa tra le dita intrecciate. Raddrizzare le ginocchia e i glutei sollevandoli dal pavimento. Avvicinatevi lentamente al tronco con i piedi.

Passo 5: piegare le ginocchia, tenendo i talloni vicini ai glutei, e raddrizzare lentamente i fianchi fino a quando le cosce sono perpendicolari al pavimento. Raddrizzare lentamente le ginocchia e i polpacci fino a quando tutto il corpo è eretto e i piedi sono rilassati.

Passo 6: Mantenere l'equilibrio del corpo per alcuni secondi o per tutto il tempo in cui ci si sente a proprio agio. I praticanti di yoga avanzati dovrebbero iniziare con un minuto e aumentare gradualmente fino ad almeno cinque minuti. Concentratevi sulla respirazione e sulla sommità del capo.

Passo 7: ripercorrere i passi nell'altra direzione quando si desidera tornare dalla posizione. Piegate le gambe e riportate lentamente le cosce in posizione perpendicolare.

Passo 8: Lasciare cadere le gambe a terra gradualmente. Sedetevi per un po' in *Shishuasana* (posizione del bambino) per ritrovare l'equilibrio dopo l'inversione.

Passo 9: rilassarsi ed espirare.

CAPITOLO 4: IL SESTO CHAKRA

Il terzo occhio è un *chakra*, o punto energetico. È collegato alle ghiandole pineale e pituitaria del cervello e si trova sulla fronte tra le sopracciglia, anche se non è un costrutto fisico. Il sistema dei *chakra* funziona in modo simile al sistema di organi del corpo sottile (o energetico), e ogni *chakra* ha un ruolo o uno scopo distinto. La chiarezza interiore, l'intuizione e la lungimiranza sono accessibili attraverso il terzo occhio. Ci permette di guardare oltre ciò che è fisicamente accessibile nel momento presente.

La confusione, il dubbio, il cinismo, l'invidia e il pessimismo sono tutti sintomi di un terzo occhio bloccato, o *chakra ajna*. La più alta fonte di energia eterica può entrare attraverso un terzo occhio aperto e vivace. Il terzo occhio vede il mondo autentico - un insieme unificato con un legame incrollabile con lo spirito - mentre gli occhi fisici vedono la limitata realtà apparente. Chiarezza, concentrazione, perspicacia, beatitudine, intuizione, risolutezza e intuizione sono solo alcuni dei benefici e delle capacità che il terzo occhio offre. Il sogno lucido, la proiezione astrale, la qualità del sonno, l'aumento della creatività e la visualizzazione dell'aura sono stati tutti collegati al terzo occhio. Sebbene i primi ricercatori del terzo occhio fossero monaci ed esseri illuminati, queste attività sono adatte anche a coloro che vivono una vita moderna e frenetica, correndo da e verso il lavoro e gli appuntamenti di gioco e desiderando un po' più di calma e presenza.

Alcuni di noi possono anche aver sperimentato il risveglio del terzo occhio nella vita quotidiana! Quando una persona è intensamente concentrata sul proprio lavoro, può sperimentare l'attivazione del terzo occhio. Quando un atleta è molto concentrato sull'allenamento, pensando continuamente al gioco e a come migliorarlo, acquisisce una sensazione intuitiva di dove atterrerà una palla in volo. Un atleta di alto livello non ha bisogno di un analista che gli dica cosa succederà dopo; sa intuitivamente cosa succederà. Anche una persona completamente concentrata sulla propria professione può prevedere la reazione di un cliente a una particolare offerta o evento. L'aumento delle emissioni di onde alfa li aiuta a prevedere ciò che potrebbe accadere nel prossimo futuro in relazione al campo su cui sono intensamente concentrati.

Tuttavia, se non avete mai sentito una fitta di energia tra le sopracciglia, visto auree o ricevuto un colpo intuitivo, non preoccupatevi. Non è necessario nascere con abilità speciali per usare la terza vista. I suoi superpoteri sono accessibili a chiunque sia disposto a impegnarsi. Proprio come la costruzione dei muscoli fisici richiede un programma di allenamento mirato, lo sviluppo del Terzo Occhio richiede un approccio sistematico e una pratica costante. Anche se è certamente più semplice ottenere braccia toniche che diventare un intuitivo a tutti gli effetti, tutti possiamo trarre beneficio dall'esercizio costante di questo canale energetico.

Quando lavora a pieno regime, il terzo occhio può aiutare a vedere con chiarezza, a eliminare i blocchi mentali e a migliorare la flessibilità mentale. In effetti, in molte culture il terzo occhio è considerato il senso più significativo e la sua attivazione è considerata di estrema importanza. Sebbene il terzo occhio abbia il vantaggio di collegarci al nostro istinto e di permetterci di fare un passo avanti rispetto ai cinque sensi di base, di solito è chiuso. È qui che entrano in gioco i vantaggi della meditazione. La meditazione è l'approccio più semplice ed efficace per risvegliare, vitalizzare e attivare il terzo occhio.

È meglio iniziare con un esercizio di attivazione quando si apre il terzo occhio. Iniziate ringraziando il vostro terzo occhio per le vostre capacità intuitive intrinseche e per il vostro radicamento attraverso i ritmi circadiani della ghiandola pineale. La ghiandola pineale collega i sistemi endocrino e neurologico convertendo i segnali nervosi del sistema simpatico del sistema nervoso periferico in segnali ormonali. Con il tempo, i depositi di calcio si accumulano nella pineale, calcificandola e rendendola inutile.

Secondo uno studio condotto negli anni '90 dalla scienziata britannica Jennifer Luke, il fluoro calcifica anche la ghiandola, rendendola meno efficace nel bilanciare i processi ormonali completi in tutto il corpo. Il fluoro è attualmente presente in un'ampia gamma di prodotti, tra cui l'acqua potabile, gli alimenti, le bibite e persino il dentifricio. Il fluoro è un elemento comune, abbondante e naturale, ma può anche essere sintetizzato in laboratorio. L'eccesso di zuccheri, additivi alimentari e dolcificanti nella dieta, così come l'uso eccessivo del cellulare, contribuiscono alla calcificazione.

Prima di iniziare un nuovo regime nutrizionale, rivolgetevi sempre a un terapeuta nutrizionale esperto per assicurarvi che stiate facendo ciò che è meglio per voi e che non stiate impoverendo il vostro corpo di nutrienti essenziali.

Il cibo che si mangia può aiutare ad aprire il chakra del terzo occhio. Il cacao crudo, le bacche di goji, l'aglio, il limone, l'anguria, l'anice stellato, il miele, l'olio di cocco, i semi di canapa, il coriandolo, il ginseng e la vitamina D3 sono solo alcuni degli alimenti che si dice aiutino a rafforzare e disintossicare il terzo occhio.

Alimenti da evitare perché provocano la calcificazione della ghiandola pineale:

- L'accumulo di fosfato di calcio nell'organismo può essere causato dal consumo di una quantità eccessiva di calcio proveniente da alimenti trasformati o dall'assunzione di troppi integratori di calcio. Per evitare di assumere una quantità eccessiva di questa sostanza nella vostra dieta, leggete gli ingredienti degli articoli.

- Acqua del rubinetto: Oltre al fluoro, l'acqua del rubinetto contiene composti calcificati che potrebbero essere dannosi; per questo motivo, quando possibile, è consigliabile bere acqua in bottiglia o filtrata.

- Pesticidi: La ghiandola pineale può essere avvelenata dai pesticidi chimici presenti in carni e verdure. Per limitare il numero di pesticidi nella vostra dieta, scegliete alimenti biologici.

- Inoltre, fate attenzione ai prodotti contenenti glicole propilenico, paraffina, olio minerale, glicole butilenico, alcol isopropilico e petrolato. Se un prodotto alimentare contiene uno di questi ingredienti, è il momento di cercare un'alternativa. Cercate invece oli vegetali naturali, che forniscono ampi nutrienti e non comportano rischi per la salute.

- Zucchero, caffeina, alcol e tabacco (S.C.A.T.) Queste droghe impoveriscono la vitalità dell'organismo e causano l'accumulo di sostanze inquinanti. Eliminarle per almeno due mesi può determinare un aumento dell'attività cerebrale e dell'attività della ghiandola pineale.

Tra gli alimenti naturali che aiutano ad attivare il terzo occhio vi sono:

- Activator X: È un disintossicante composto da vitamina K1/K2, che può essere abbinato alla vitamina D3 e A. Questo disintossicante può favorire il ripristino dell'equilibrio enzimatico, consentendo al calcio di lasciare le arterie e di entrare nelle ossa, dove può essere utilizzato in modo appropriato.

- Il cioccolato allo stato naturale: Il cacao crudo è ricco di antiossidanti, che possono aiutare a stimolare e pulire la ghiandola pineale: finalmente una scusa per consumare cioccolato!

- Spicchi d'aglio: L'aglio è un potente detergente naturale che può anche aiutare a rimuovere il calcio dall'organismo. Consumare da mezzo a due bulbi al giorno: mangiarli freschi o immergerli in succo di limone fresco o aceto di sidro di mele può aiutare a mascherare l'odore.

• Acqua distillata: Le tossine che possono danneggiare la ghiandola pineale possono essere eliminate bevendo molta acqua priva di fluoro.

• Acido citrico: A stomaco vuoto, il limone crudo può aiutare a disintossicare la ghiandola pineale. È meglio abbinarlo all'acqua di sorgente per evitare di appesantire troppo i denti con l'acido.

• Aceto di sidro di mele: Grazie all'acido malico che contiene, l'aggiunta di aceto di sidro di mele ai pasti è un approccio eccellente per disintossicare la ghiandola pineale.

• Olio di cocco vergine: L'olio di cocco nutre tutto il corpo umano, ma può avere il massimo impatto in termini di rivitalizzazione del cervello e disintossicazione della ghiandola pineale. Nel cervello, questo olio ripara i neuroni e favorisce la funzione nervosa.

Quando la ghiandola pineale è eccitata, possiamo sperimentare visioni vivide e un profondo rilassamento. Le inversioni sono particolarmente benefiche perché aumentano l'afflusso di sangue alla ghiandola pineale quando si è a testa in giù e hanno numerosi altri benefici per la salute, come il miglioramento della qualità del sonno.

La meditazione risveglia notevolmente la ghiandola pineale, soprattutto se la si pratica all'aperto al mattino, mentre il sole sta sorgendo, o al tramonto.

Ci vogliono dedizione e lavoro per risvegliare la ghiandola pineale e godere di tutto il suo potenziale. Siate pazienti con voi stessi e rendetevi conto che tutto ciò che avviene in modo organico richiede più tempo, ma i vantaggi per la salute valgono l'attesa! La meditazione aiuta a eliminare i veleni negativi dal corpo, a canalizzare le energie e a migliorare la concentrazione. La meditazione può anche aiutarvi a diventare più consapevoli di voi stessi, ad attivare il chakra ajna, a spostare il vostro stato di coscienza verso stati più elevati ad ogni sessione e ad eliminare ansia e preoccupazioni.

La meditazione sul terzo occhio, come qualsiasi altra forma di meditazione, richiede di rimanere in un ambiente tranquillo. Per iniziare, sedetevi in una posizione comoda su una sedia o sul pavimento. Mantenete la colonna vertebrale dritta, le spalle rilassate e appoggiate le mani sulle ginocchia. La mascella, lo stomaco e il viso devono essere completamente rilassati e aperti all'energia positiva.

Iniziate unendo dolcemente l'indice e il medio e chiudendo gli occhi. Dopodiché, fate un respiro profondo. Inspirate dal naso ed espirate dalla bocca. Cercate di guardare il terzo occhio, che si trova tra le sopracciglia, con gli occhi chiusi. Si può anche usare la punta delle dita per individuare la posizione esatta.

Quindi, fate alcuni respiri profondi e dirigete la vostra attenzione su questo punto. Continuate a farlo visualizzando una luce bianca o bianco-bluastra che vi circonda. In questo modo entrerete in uno stato trascendentale di guarigione, in cui la vostra attenzione sarà al massimo.

Mantenete questa posizione per 10-20 minuti. Una musica rilassante può aiutare a canalizzare ulteriormente la concentrazione. Dopo di che, espirate profondamente e riunite i palmi delle mani davanti al cuore prima di tornare alla posizione iniziale. Sbattete gli occhi e mantenete questa posizione per uno o due secondi prima di tornare alla vostra normale routine. Questa semplice azione può fare miracoli e riparare i chakra se eseguita ogni giorno, al mattino o prima di andare a dormire.

Respirazione a narici alternate

Le *nadi* sono linee energetiche delicate che possono ostruirsi per diversi motivi. Il *Nadi Shodhan pranayama* è un metodo di respirazione che aiuta a liberare queste vie energetiche ostruite, calmando così la mente. Il pranayama Anulom Vilom è un altro nome di questa pratica. Lo stress, la tossicità del corpo, i traumi fisici e mentali e uno stile di vita non sano possono causare l'ostruzione *delle nadi*.

Le tre nadi più importanti del corpo umano sono *Ida, Pingala* e *Sushumna*.

Freddo, depressione, scarsa energia mentale, digestione lenta e narice sinistra ostruita sono tutti sintomi del cattivo funzionamento o dell'ostruzione di *Ida nadi*. Il calore, l'irritabilità, il prurito, la secchezza della pelle e della gola, l'aumento dell'appetito, l'eccesso di energia fisica o sessuale e l'ostruzione della narice destra sono tutti sintomi del cattivo funzionamento o dell'ostruzione di *Pingala nadi*.

Il *pranayama Nadi Shodhan* (respirazione a narici alterne) aiuta a calmare la mente e a prepararla alla meditazione. Se praticato per pochi minuti al giorno, aiuta a mantenere la mente tranquilla, allegra e serena. Favorisce il rilascio di tensioni e stanchezza.

Passo 1: sedetevi comodamente con le spalle rilassate e la colonna vertebrale eretta. Mantenete un sorriso morbido sulle labbra.

Passo 2: posizionare la mano sinistra sul ginocchio sinistro con i palmi rivolti verso l'alto o nel Chin Mudra (pollice e indice si toccano delicatamente sulla punta).

Passo 3: tra le sopracciglia, posizionare la punta dell'indice e del medio della mano destra, l'anulare e il mignolo sulla narice sinistra e il pollice sulla narice destra. La narice sinistra verrà aperta o chiusa con l'anulare e il mignolo, mentre la narice destra verrà aperta o chiusa con il pollice.

Passo 4: espirare lentamente attraverso la narice sinistra, premendo il pollice sulla narice destra.

Passo 5: inspirare profondamente dalla narice sinistra, quindi premere delicatamente la narice sinistra con l'anulare e il mignolo. Espirare dalla narice destra dopo aver tolto il pollice destro dalla narice destra.

Passo 6: inspirare dalla narice destra ed espirare dalla sinistra. Un giro di Nadi Shodhan pranayama è stato completato. Continuate a inspirare ed espirare a narici alterne.

Passo 7: completare 9 giri respirando alternativamente da entrambe le narici. Ricordate di inspirare dalla stessa narice da cui avete espirato dopo ogni espirazione. Chiudete gli occhi e continuate a fare respiri lunghi, profondi e regolari senza esercitare alcuna energia o sforzo.

Dopo aver praticato il *pranayama Nadi Shodhan*, è bene fare una breve meditazione. Questa tecnica di respirazione può essere utilizzata come parte della routine *Padma Sadhana*.

Oltre ad aprire il terzo occhio, il *Nadi Shodhan Pranayama* offre numerosi benefici:

- Eccellente tecnica per calmare e centrare la mente.

- La nostra mente ha la tendenza a soffermarsi sul passato, rimpiangendolo o esaltandolo, e a preoccuparsi del futuro. Il pranayama di Nadi Shodhan aiuta a riportare la mente al momento presente.

- Molti problemi circolatori e respiratori possono essere migliorati con questa tecnica.

- Allevia efficacemente lo stress accumulato nella mente e nel corpo e favorisce il rilassamento.

- Aiuta a bilanciare gli emisferi destro e sinistro del cervello, che corrispondono al lato intellettuale e a quello emotivo.

- Purifica e riequilibra le nadi, o canali energetici sottili, permettendo al prana (forza vitale) di circolare liberamente in tutto il corpo.

- Aiuta a mantenere una temperatura corporea confortevole.

Vedere l'invisibile

A molte persone viene insegnato fin da piccole a non fidarsi del proprio istinto. Questo potrebbe derivare dai genitori o dagli amici che vi hanno convinto che i vostri sensi non erano validi, facendovi diffidare di voi stessi. Come tecnica di sopravvivenza, i bambini maltrattati si disconnettono dai loro *chakra* inferiori, causando un eccessivo sviluppo dei chakra superiori. Uno squilibrio tra i chakra inferiori e superiori può spingere questi bambini a usare l'immaginazione e la visualizzazione per sfuggire alla realtà. A lungo andare, quindi, le persone diventeranno sognatori piuttosto che esecutori. Per avere un *Ajna* ben funzionante, è necessario avere prima un *chakra* inferiore equilibrato come ancoraggio.

Anche la nostra prospettiva è influenzata dall'*Ajna*. Le percezioni sono qualcosa che tutti condividiamo. La nostra percezione è plasmata dall'educazione, dall'ambiente e dalle convinzioni. Possiamo avere problemi se la percezione viene interpretata erroneamente come intuizione. La realtà non è sempre quella che pensiamo. Per portare l'*Ajna* in equilibrio, dobbiamo mettere in discussione le nostre percezioni e cercare sempre la realtà, per quanto sgradevole possa essere.

Ci vuole tempo per rafforzare ed equilibrare l'*Ajna*. Per funzionare correttamente, l'Ajna ha bisogno di meditazione quotidiana. I risultati saranno sottili e, se non vengono osservati, possono facilmente passare inosservati. Per ritrovare l'equilibrio *dell'Ajna*, è fondamentale imparare a fidarsi dell'intuizione e di ciò che si percepisce durante la meditazione. Comprendere la distinzione tra idee, percezioni e intuizione. L'intuizione è un processo naturale che non ha preferenze. L'*Ajna* è un dono meraviglioso, e averne uno completamente funzionante vi permetterà di raggiungere il vostro massimo potenziale.

Un'incredibile meditazione per l'*Ajna* si chiama "Vedere l'invisibile". Rafforza l'intuizione lavorando sul sesto chakra.

Passo 1: sedetevi in una posizione comoda con il braccio destro esteso davanti a voi, parallelo al pavimento, e il gomito dritto ma non bloccato. Il palmo della mano destra è rivolto verso l'alto e leggermente a coppa, come per raccogliere la pioggia.

Passo 2: con il gomito laterale e l'avambraccio rivolto verso l'esterno, la mano sinistra è in *Surya Mudra* (anulare a contatto con il pollice).

Passo 3: chiudere gli occhi e concentrarsi sulla punta del mento.

Passo 4: premere con forza la punta della lingua sul palato dietro i denti.

Passo 5: ripetere mentalmente "*Wahe Guru*".

Passo 6: Fate un respiro lungo e profondo. Ripetete questa operazione per 11 volte.

Per finire, create gli artigli di pantera (piegate le dita nei monti della mano). Inspirate e girate a sinistra, poi espirate e tornate al centro. Inspirate e girate a destra, poi espirate e tornate al centro.

Kriya del cuore incrociato

Passo 1: sedersi con la colonna vertebrale dritta in *Sukhasana* (posizione facile). Chiudete gli occhi per un momento e poi apriteli lentamente. Concentrate l'attenzione sulla punta del naso. La meditazione in questo punto può aiutare a calmare la mente che si agita.

Passo 2: incrociare gli avambracci davanti al petto. Preparatevi a usare il mantra *Saa-Taa-Naa-Maa* nel vostro lavoro. L'infinito è indicato da *Saa*, la vita da *Taa* e la trasformazione da *Naa*. *Maa* è la dea della rinascita.

Passo 3: iniziate a cantare *saa - taa - naa - maa,* mentre suonate le dita nel modo seguente:

Toccare le punte dei pollici con le punte degli indici *(saa)*.

Toccare le punte dei pollici con le dita medie *(taa)*.

Toccare le punte dei pollici con gli anulari *(naa)*.

Toccare le punte dei pollici con i mignoli *(maa)*.

Passo 4: ripetere per diversi minuti. Per concludere, fate un respiro profondo, trattenetelo, chiudete gli occhi e rimanete perfettamente immobili. Permettete a voi stessi di rilassarvi. Gli emisferi saranno in equilibrio e si percepirà un nuovo senso di serenità.

La posa dell'arciere

Akarna Dhanurasana si traduce letteralmente in "posa dell'arco verso l'orecchio", ma è popolarmente conosciuta come *"posa dell'arciere"* perché assomiglia a un arciere che sta per scoccare la sua freccia. Ci vuole talento e pazienza per osservare se stessi in questo modo. La dimensione spirituale della pratica sarà sempre elusiva se l'arciere si preoccupa solo di tirare la corda dell'arco e colpire il bersaglio, o se lo yogi si preoccupa solo di entrare nella forma fisica della posizione.

L'abilità fisica e la tecnica sono importanti, ma alla fine bisogna abbandonare l'ossessione di eseguire una serie di azioni. È possibile abbandonare gli sforzi superflui e occupare ed esprimere pienamente l'illimitato presente coltivando la fermezza del corpo, il rilassamento degli occhi e il completo abbandono al respiro.

Akarna Dhanurasana, come il tiro con l'arco, richiede forza e flessibilità a livello fisico. Gli esercizi della sequenza che segue sono pensati per aiutarvi ad acquisire forza nelle braccia e nel busto e flessibilità nelle gambe e nei fianchi.

Passo 1: sedetevi sul tappetino con la schiena dritta, le gambe distese davanti a voi e i palmi delle mani sulle ginocchia.

Passo 2: piegare la gamba destra in modo che la pianta del piede destro tocchi la coscia sinistra.

Passo 3: piegatevi in avanti e afferrate la mano sinistra con l'alluce sinistro mentre inspirate. L'altra mano deve essere appoggiata sul ginocchio destro.

Passo 4: sollevare il ginocchio destro per puntare verso il cielo e afferrare l'alluce con la mano destra.

Passo 5: imitare un arciere portando la gamba destra verso l'alto e avvicinando il ginocchio all'orecchio. Come un arciere che scruta il suo bersaglio, il braccio destro deve puntare direttamente verso la punta del piede e gli occhi devono essere fissi sulla punta.

Passo 6: mentre sperimentate l'allungamento dei tendini del ginocchio, mantenete la posizione per 15-30 secondi.

Passo 7: espirate lentamente e tornate alla posizione iniziale. Ripetere la posizione, questa volta allungando la gamba sinistra all'indietro. Un ciclo della posizione dell'arciere è ora completo. Eseguitelo due volte come parte di una pratica con altre posizioni.

Come si fa a sapere che il terzo occhio si sta aprendo? Ci sono alcuni segnali rivelatori.

- La pressione nella testa aumenta: Inizierete a sentire una pressione crescente tra le sopracciglia, che è l'indicazione più comune di un terzo occhio aperto. Potrebbe trattarsi di una semplice pulsazione o di una forte sensazione di espansione al centro della fronte. Gli esperti spirituali invitano a non preoccuparsi di questo fenomeno perché è assolutamente innocuo e passerà col tempo. Sostengono inoltre che può apparire dal nulla e che una sensazione di calore sulla fronte, come se qualcuno vi stesse accarezzando, è abbastanza comune. Non bisogna quindi allarmarsi se ciò accade.

- Maggiore preveggenza degli eventi futuri: Potreste avere una maggiore preveggenza sugli eventi futuri. Potrebbe trattarsi di una leggera sensazione allo stomaco che vi avverte che sta per accadere qualcosa di brutto. Non scartate questa sensazione o intuizione, ma lasciatevi guidare da essa. All'inizio può essere spaventoso, ma una volta capito che avete il pieno controllo su questa capacità, sarà più semplice lasciarsi guidare da essa.

- La sensibilità alla luce è un termine che si riferisce alla capacità di una persona. Quando il vostro terzo occhio aumenta, noterete che siete più sensibili alla luce. Ciò è dovuto al fatto che si vede il mondo sotto una luce completamente nuova. Sarete anche in grado di notare le tinte distinte dei colori in modo più vivido. Tutto ciò che ha a che fare con la visione e la luce sarà amplificato. L'uso di occhiali da sole polarizzati può essere d'aiuto.

- Alterazioni graduali: Raccoglierete i frutti della vostra nuova visione del mondo perché siete più in sintonia con il vostro sé spirituale. Noterete di essere più rilassati, indulgenti e amorevoli. Queste modifiche possono avere un impatto sulla vostra dieta, poiché eviterete i cibi elaborati per mantenere la salute del terzo occhio. Potreste non essere in grado di individuare il motivo di questi cambiamenti positivi, ma credete che la vostra intuizione e le vostre capacità spirituali vi stiano guidando verso scelte di vita più sane. Tenete d'occhio questi cambiamenti, perché sono un segno evidente che il vostro potere del terzo occhio sta aumentando.

- La manifestazione dei poteri è un termine usato per descrivere l'espressione delle vostre abilità psichiche interiori, la vostra capacità di sentire e percepire le cose prima che accadano. Le capacità psichiche che si manifestano nelle persone con un terzo occhio attivo non sono rare, contrariamente a quanto si pensa. Due dei casi più noti sono la telepatia e la chiaroveggenza. Non dovete preoccuparvi, anche se non vi è familiare. Accettate e coltivate le vostre capacità.

- Vedere cose che non sono immediatamente evidenti: anche se sapere e vedere più di tutti gli altri può essere una difficoltà, il vostro terzo occhio può aiutarvi a riconoscere mezze verità e affermazioni vistose. Un ristorante che offre un buffet all-you-can-eat può piacere alla persona media, ma per voi sarà simile a un incoraggiamento a consumare più cibo del necessario. Questa chiarezza di pensiero vi permetterà di fare le migliori scelte possibili.

- Aumento della consapevolezza di sé: Questo terzo sintomo è uno di quelli che molti trascurano. Se il terzo occhio è aperto, il senso di sé migliorerà. Di conseguenza, anziché pensare a voi stessi come a un semplice essere umano con interessi, amori e antipatie, vi considererete parte del tessuto dell'universo. Questo maggiore senso di sé vi permetterà di contare più su voi stessi che sugli altri, consentendovi di vivere la vita prospera che avete sempre desiderato.

Se non sapete come gestire gli indicatori di un terzo occhio attivo, la meditazione e le attività rilassanti che vi permettono di connettervi con il vostro sé spirituale saranno la vostra migliore risorsa. Qualunque sia la strada che sceglierete, ricordate che tutte queste espressioni sono doni da accogliere e non da nascondere.

CONCLUSIONE

Nella mitologia indiana, *Shiva* è una delle tre divinità responsabili della creazione, del mantenimento e della distruzione del mondo. Il guru spirituale *Sadhguru* descrive il significato del terzo occhio *di Shiva* e come si apre per portare chiarezza e visione. Racconta anche di come *Shiva* abbia usato il suo terzo occhio per bruciare *Kama*. In India esiste un dio chiamato *Kamadeva*, che è il dio dell'amore e della lussuria. *Kama* è la parola sanscrita che indica la lussuria. Secondo la leggenda, *Kama* si nascose dietro un albero e colpì *Shiva* al cuore con una freccia. *Shiva* si agitò. Di conseguenza, aprì il suo terzo occhio di fuoco e ridusse *Kama* in cenere. Questa è la versione della storia che la maggior parte delle persone conosce.

Ma pensateci: La vostra lussuria viene da dentro di voi o da dietro un albero? Certo, viene da dentro di voi. La lussuria non riguarda solo il sesso opposto. Che si tratti di sessualità, potere o posizione, ogni desiderio è lussuria. La lussuria è definita come un sentimento di inadeguatezza, un desiderio di qualcosa che ti fa sentire come se *"se non ce l'ho, non sono completo"*.

La narrazione di *Shiva* e *Kama* assume così una dimensione yogica. *Shiva* stava perseguendo lo yoga, il che significa che si sforzava non solo di essere completo, ma anche di essere infinito. *Shiva* vide *Kama*, la sua stessa brama, avvicinarsi e la bruciò quando aprì il terzo occhio. La cenere uscì lentamente dal suo corpo, indicando che tutto ciò che era dentro era finalmente morto. Aprendo il terzo occhio, ha potuto sperimentare una dimensione dentro di sé che va oltre il fisico e tutte le sue compulsioni corporee sono svanite.

Il terzo occhio è un occhio che può vedere cose che non sono fisiche. Poiché blocca e riflette la luce, si può vedere se si guarda la mano. Poiché l'aria non blocca la luce, non è possibile vederla. Tuttavia, se ci fosse una piccola quantità di fumo nell'aria, sareste in grado di vederlo perché solo qualcosa che impedisce la luce può essere visto. Non si può vedere nulla che permetta alla luce di passare. La natura dei due occhi sensoriali è la seguente.

Il fisico può essere afferrato dagli occhi sensoriali. L'unico modo per percepire qualcosa che non è di natura fisica è andare dentro di sé. Quando parliamo di "terzo occhio", ci riferiamo alla capacità di vedere qualcosa che i due occhi sensoriali non possono vedere.

Gli occhi sensoriali sono rivolti verso l'esterno. La vostra interiorità - la natura di voi stessi e della vostra esistenza - è vista attraverso il terzo occhio. Non è una nuova appendice o una fessura nella fronte. Il terzo occhio è la dimensione della percezione attraverso la quale si può percepire qualcosa che è al di là del fisico.

Man mano che progredite nell'apertura del terzo occhio, sarete benedetti da maggiori ricompense. Per cominciare, svilupperete un'intuizione affilatissima e la capacità di attingere alla vostra saggezza interiore.

La meditazione e l'apertura del terzo occhio non solo aiutano a sperimentare livelli più elevati di coscienza, una migliore consapevolezza di sé e una più profonda padronanza emotiva, ma consentono anche di sintonizzarsi su un'abilità innata che tutti condividiamo: l'intuizione. La meditazione del terzo occhio viene praticata da generazioni nei gruppi culturali tradizionali di tutto il mondo, che considerano l'intuizione come il senso più importante dell'uomo.

Già all'inizio della vostra pratica di meditazione vi accorgerete di quanta intelligenza interiore avete già a disposizione. E quando inizierete a notare questa saggezza interiore, avrete tutta la motivazione necessaria per continuare ad aprire e attivare il vostro terzo occhio al massimo delle sue potenzialità.

Il vostro terzo occhio sarà in grado di dirvi esattamente di cosa avete bisogno per migliorare la vostra salute, attrarre relazioni più sane e materializzare il successo professionale e finanziario. L'intuizione del terzo occhio capisce esattamente perché avete scelto questa esistenza in questo momento. Quanto sarebbe migliore la vostra vita se poteste fare appello alla vostra saggezza interiore quando volete?

Il terzo occhio vi permetterà anche di allinearvi con la legge dell'attrazione e di manifestare la vita che desiderate. Secondo questa legge, attiriamo ciò in cui crediamo di più. Dopo tutto, il simile attrae il simile, e questo è particolarmente vero quando si tratta della nostra mente. Il potere essenziale del terzo occhio risiede nel suo potenziale di alterare la natura delle nostre idee alla loro origine. Qual è il risultato finale? Diminuiscono le preoccupazioni, l'ansia e i pensieri negativi. E una volta rimosso questo bagaglio mentale, ciò che lo sostituisce sarà del massimo ordine, totalmente in sintonia con la legge onnipervasiva dell'attrazione.

I vostri stati mentali, emotivi e fisici miglioreranno man mano che il vostro terzo occhio si aprirà sempre di più, permettendovi di attrarre nella vostra vita anime di livello superiore, dando vita a nuove e migliori interazioni a tutti i livelli. Inizierete a creare prosperità con la stessa naturalezza con cui respirate, poiché il vostro terzo occhio "attivato dalla meditazione" illumina il percorso verso la coscienza superiore. Ne risulterà una vita più consapevole, significativa e deliberata.

Infine, aprendo il terzo occhio impariamo che l'amore, la pace e la gioia non possono essere trovati al di fuori di noi stessi. Sebbene possiamo essere alla ricerca di fonti esterne che ci forniscano più gioia, pace e amore, la nostra intuizione ci porta lontano da queste sorgenti effimere. Ci indirizza verso il serbatoio illimitato di amore, piacere e pace che esiste dentro di noi in ogni momento. E ci allontana dall'incessante desiderio di avere di più e dall'infelicità che proviamo quando non abbiamo abbastanza. Infine, ci spinge dolcemente verso la nostra fonte inesauribile di amore, serenità e gioia.